# ¡La Revolución estadounidense de cerca!

## Mostrar eventos y procesos



Ava Beasley

COMPUTACIÓN CIENTÍFICA EN EL MUNDO REAL™

Rosen Classroom™

Publicado en 2018 por The Rosen Publishing Group, Inc. 29 East 21st Street, New York, NY 10010



Autora: Ava Beasley
Traductor: Alberto Jiménez
Directora editorial, español: Nathalie Beullens-Maoui
Editora, español: María Cristina Brusca
Editora, inglés: Caitie McAneney
Diseño del libro: Jennifer Ryder-Talbot

Todas las ilustraciones por Contentra Technologies

Library of Congress Cataloging-in-Publication Data

Names: Beasley, Ava.
Title: ¡La Revolución estadounidense de cerca!: Mostrar eventos y procesos / Ava Beasley.
Description: New York: Rosen Classroom, 2018. | Series: Niños digitales: Superdotados con pensamiento computacional / Computación científica en el mundo real | Includes glossary and index.
Identifiers: LCCN ISBN 9781538357958 (pbk.) | ISBN 9781538328965 (library bound) | ISBN 9781538357965 (6-pack) | ISBN 9781538357972 (ebook)
Subjects: LCSH: United States--History--Revolution, 1775-1783--Juvenile literature.
Classification: LCC E208.B43 2018 | DDC 973.3--dc23

Créditos fotográficos: Cubierta, p. 7 Everett Historical/Shutterstock.com; p. 5, 15 Kevin M. McCarthy/Shutterstock.com; p. 8 Andrea Y. Fraser/Shutterstock.com; p. 11 f11photo/Shutterstock.com; p. 12 Travel Bug/Shutterstock.com; p. 13, 16 ESB Essentials/Shutterstock.com; p. 18 Joe Raedle/Getty Images; p. 21 Joseph Sohm/Shutterstock.com.

Fabricado en Estados Unidos de América

Información de cumplimiento CPSIA Lote #WS18RC: Si desea más información póngase en contacto con Rosen Publishing, New York, New York, teléf. 1-800-237-9932

# Contenido

# Recrear la historia

¿Hay alguna forma de que la historia cobre vida? A veces se revive con recreaciones, o **simulaciones** de lo que pasó hace mucho tiempo. La recreación es genial para aprender historia, porque vemos en persona cómo se desarrollaron los hechos.

Quienes participan en la recreación tienen que saber mucho del acontecimiento que simulan; así consiguen que parezca **auténtico**. **Investigan** el periodo detalladamente. Los hechos que aprenden hacen que su actuación se aproxime lo máximo posible a la realidad.

La recreación de la guerra de Independencia, también llamada Revolución estadounidense, es muy popular. ¡Sigue leyendo para conocerla mejor!

Participantes en una recreación de la guerra de Independencia.

# ¿Qué es la guerra de Independencia?

¿Quieres participar en una recreación de la guerra de Independencia? Si la respuesta es sí, debes aprender lo máximo posible de la guerra.

Tuvo lugar entre 1775 y 1783. La **hostilidad** llevaba años gestando en las colonias norteamericanas. Su madre patria, Gran Bretaña, obligaba a los colonos a pagar impuestos sobre cosas tales como los productos del papel, el té y el azúcar. Sin embargo, los colonos no podían participar en el Gobierno británico.

**Pinturas como esta nos permiten imaginar cómo fueron las batallas y otros sucesos históricos.**

Las primeras batallas de la guerra se libraron el 19 de abril de 1775 en Lexington y Concord, Massachusetts. El 4 de julio de 1776 los colonos declararon la independencia, pero el enfrentamiento prosiguió hasta la batalla de Yorktown, en 1781, donde los británicos se **rindieron** a los colonos. Oficialmente, la guerra acabó con el **Tratado** de París de 1783.

Estas son las sencillas tiendas de una recreación
de la guerra de Independencia.

# Montar campos de batalla

Uno de los principales componentes de una buena recreación es el **entorno**. Algunas batallas se representan en su ubicación original y otras en zonas parecidas, como un viejo fuerte o un campo grande.

En ocasiones, se montan campamentos similares a los de la guerra. Se montan tiendas sencillas con herramientas simples. Para conocer el aspecto de esos campos y campamentos, quienes los recrean deben hacer investigaciones. Miran obras de arte relativas a la guerra o leen diarios con narraciones de primera mano. Es decir, consultan fuentes primarias.

# Independence Hall

A veces, los guías turísticos recrean un suceso para hacernos revivir el pasado. Los guías de los lugares históricos, como el Independence Hall, se visten y hablan como en los tiempos coloniales, para que los visitantes imaginen cómo fue el lugar.

Los actores que recrean los hechos sucedidos en el Independence Hall son afortunados, porque su entorno ya está construido. La Declaración de Independencia se redactó y se firmó en ese edificio situado en Filadelfia, Pensilvania, donde también se reunían los **Padres Fundadores** para dirigir la nueva nación. Al entrar en la estancia donde nació Estados Unidos, los visitantes se hacen una idea de lo que era estar allí en aquella época.

Este edificio es el Independence Hall.

# Vestir a los bandos

Un buen vestuario determina la calidad de la recreación, ya que los trajes son cruciales para el efecto visual, aquello que vemos.

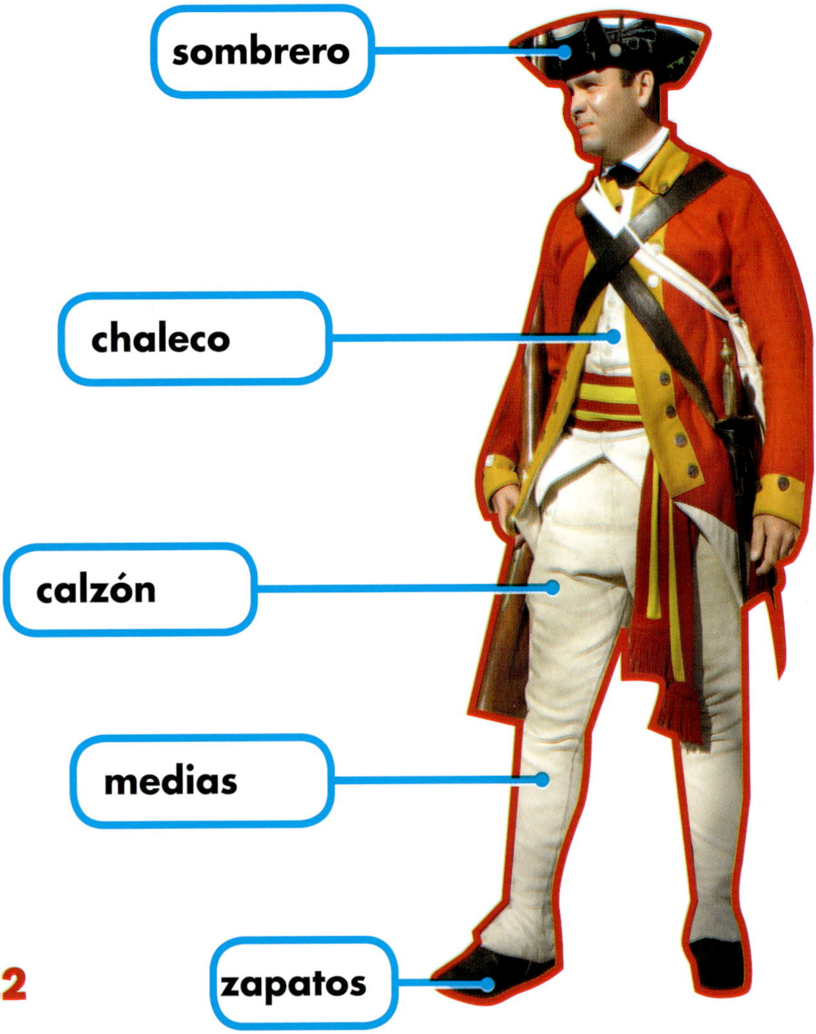

Los encargados de la recreación deben investigar el vestuario de la época, los diferentes atuendos de ricos y pobres, hombres y mujeres, niños y adultos, así como los trajes de los distintos oficios. La ropa del actor dependerá, por tanto, del personaje. Si interpreta un soldado colonial, vestirá una chaqueta sencilla, un chaleco, un sombrero y un calzón (pantalón que acaba en la rodilla).

Los Padres Fundadores y otros líderes lucían casacas, zapatos de cuero y pelucas empolvadas.

**Las actrices de la recreación llevan el tradicional vestido largo y, a veces, sombrero o gorro.**

# Armas de la guerra

Como las armas de la guerra de Independencia eran muy distintas a las de hoy, los responsables de la recreación tienen que investigar la **tecnología** del momento, además de velar por la seguridad cuando se utilizan las armas.

Las armas las más grandes de la época de la Independecia eran el cañón, el mortero y el obús, que lanzaban proyectiles explosivos, o "bombas", y balas de cañón sólidas.

Estos actores se preparan para disparar un cañón.

Los soldados usaban mosquetes y rifles. Estas armas no siempre resultaban útiles, porque había que cargarlas entre disparos y eso costaba un tiempo. Algunos soldados llevaban bayonetas, que eran como espadas acopladas a la boca del arma.

# Interpretar el combate

Quienes hacen de soldados en obras, películas o recreaciones deben aprender el arte del combate escénico, una **técnica** interpretativa mediante la cual los actores se pelean sin hacerse daño.

Para mantenerse a salvo y no herir a otros, los actores deben conocer los movimientos del combate escénico, sobre todo cuando utilizan armas como bayonetas o espadas. A veces los coreógrafos, que planifican los movimientos, les enseñan a fingir que luchan. El coreógrafo profesional consigue que el combate parezca más auténtico.

Los actores que interpretan a soldados suelen preguntarse: "¿Por qué lucha mi personaje?". La respuesta depende del bando.

**Estos actores ensayan un duelo a espada antes de una recreación de la guerra de Independencia.**

Estos actores interpretan a **milicianos** coloniales dispuestos a luchar en la batalla de Lexington.

# Lexington y Concord

Las batallas de Lexington y Concord, que marcaron el inicio de la guerra de Independencia, se recrean todos los años en los sitios donde se libraron. Los actores que las interpretan estudian a fondo el conflicto, a fin de darles autenticidad.

El 18 de abril de 1775, las tropas británicas se encaminaron hacia Concord, Massachusetts, con intención de robar las armas que los colonos escondían en un depósito local. Un hombre llamado Paul Revere recorrió la zona a caballo para advertir a los milicianos que se prepararan para luchar. Al día siguiente, los milicianos se presentaron en Lexington mientras los británicos avanzaban para llegar a Concord. Un disparo dio comienzo a la guerra.

# Derrota en Yorktown

En Yorktown, Virginia, tuvo lugar la última batalla importante de la guerra. El 28 de septiembre de 1781, el general George Washington y sus tropas marcharon hacia Yorktown para enfrentarse al ejército británico. En el bando colonial había unos 17,600 hombres y en el británico unos 8,300. Algunos combatientes de los nuevos Estados Unidos procedían de Francia.

Mientras los hombres de Washington impedían que el enemigo huyera por tierra, los barcos franceses se lo impedían por mar. El combate se prolongó otras tres semanas, momento en que el general británico no tuvo más remedio que rendirse. La guerra no acabó oficialmente hasta dos años después (mediante el Tratado de París), pero la batalla de Yorktown fue la última en suelo estadounidense.

Recreación de la rendición británica en la batalla de Yorktown.

# Aprender de la recreación

Las simulaciones sirven para mostrar lo que ocurrió o lo que puede ocurrir. Con las recreaciones presenciamos un suceso pasado. Nos ayudan a conectar con la historia y a saber cómo fueron las batallas y otros acontecimientos.

La recreación de la guerra de Independencia es una más de las simulaciones históricas en las que podemos tomar parte. También las hay de otras guerras estadounidenses, como la de Secesión o la de 1812. Muchos lugares históricos, como los hogares de antiguos presidentes, cuentan con guías que visten trajes de la época. Es importante mantener esos lugares y esas recreaciones, porque nos sirven para entender la historia. ¿Qué acontecimiento histórico te gustaría ver de cerca?

# Glosario

**auténtico:** Que es verdadero, original.

**ensayar:** Practicar para una representación.

**entorno:** Ambiente, lo que rodea.

**hostilidad:** Oposición, antipatía, enemistad.

**investigar:** Estudiar a fondo para encontrar algo nuevo.

**milicianos:** Ciudadanos que se organizan como soldados a fin de protegerse.

**Padres Fundadores:** Líderes de la fundación de Estados Unidos.

**rendirse:** Darse por vencido, entregarse.

**simulación:** Recreación de algo.

**técnica:** Habilidad que alguien utiliza para realizar algo.

**tecnología:** Conjunto de teorías y técnicas que permiten llevar a la práctica el conocimiento.

**tratado:** Acuerdo entre dos países.

# Índice